MÉMOIRE

SUR L'EMPLOI

DE L'OXIDE BLANC D'ANTIMOINE,

A HAUTE-DOSE,

DANS LA PNEUMONIE,

Par M. A. Socquet,

MÉDECIN SUPPLÉANT DES HÔPITAUX DE LYON

LYON,

IMPRIMERIE DE MARLE AÎNÉ, SUCCESSEUR DE DELEUZE,

RUE ST-DOMINIQUE, 13.

—

1843.

MÉMOIRE

SUR L'EMPLOI

DE L'OXIDE BLANC D'ANTIMOINE,

A HAUTE DOSE,

DANS LA PNEUMONIE,

Par M. A. Socquet,

MÉDECIN SUPPLÉANT DES HÔPITAUX DE LYON

LYON,

IMPRIMERIE DE MARLE AINÉ, SUCCESSEUR DE DELEUZE,

RUE ST-DOMINIQUE, 13.

1843.

MÉMOIRE

SUR

L'EMPLOI DE L'OXIDE BLANC D'ANTIMOINE,

A HAUTE DOSE, DANS LA PNEUMONIE.

———•◦•———

Le sujet que j'aborde n'a pas l'attrait de la singularité ni celui de la nouveauté. La pneumonie est une des maladies les plus fréquentes et les mieux connues ; ses causes, ses symptômes, ses désordres anatomiques nous ont été dévoilés dans des écrits justement célèbres ; il semble qu'il ne reste même plus à glaner sur ces matières après les travaux de Laënnec, de Louis, d'Andral. Cependant le traitement, qui est la partie la plus essentielle, n'a pas atteint le même degré de certitude. Les uns ont soutenu que la saignée était inutile ; d'autres l'ont proclamée indispensable avec un enthousiasme exagéré ; ceux-ci ont regardé l'oxide blanc d'antimoine presque comme un spécifique, tandis qu'ailleurs on l'a dédaigné.

Au milieu de ces assertions contraires, le médecin ne sait de quel côté pencher ; des deux parts on s'appuie sur

des colonnes de chiffres, dans les deux camps l'on se re-
tranche derrière la statistique, mais l'on paraît oublier
que la statistique, sans le raisonnement, n'est plus
qu'une lettre morte, qu'une froide statue qui attend le
soufle de vie qui doit l'animer; on compte ses morts, on
additionne des nombres, mais l'on ne cherche pas à se
rendre compte des faits d'une manière plausible.

Aujourd'hui, je viens essayer de substituer le raison-
uement à la numération, l'esprit à la matière; je vais
tenter, en n'énonçant qu'un petit nombre de faits, de démontrer quelle part l'oxide blanc d'antimoine prend à la
guérison de la pneumonie. Aurai-je réussi dans la tâche
que je me suis imposée ? je n'ose m'en flatter. J'aurai
du moins montré le but; j'aurai fourni un exemple de la
manière dont je conçois la solution d'un problème en
médecine.

PREMIÈRE OBSERVATION.

Une saignée ; — Oxide blanc ; — Pneumonie droite.

« Claude Navière, âgé de 56 ans, d'une constitution
« sèche, entre à l'Hôtel-Dieu le 13 septembre 1842, ac-
« cusant dix jours de maladie. A cette époque, s'étant
« exposé à un courant d'air pendant qu'il était en moi-
« teur, il fut pris d'un violent frisson; celui-ci se prolon-
« gea pendant deux jours accompagné d'un point dou-
« loureux du côté droit de la poitrine. Le malade se fit
« transpirer et le frisson disparut. Le jour de son admis-
« sion l'on constate une douleur vive au côté droit, aug-
« mentant par l'inspiration et la toux; celle-ci est fré-
« quente, accompagnée de l'expectoration de crachats
« abondants, aqueux et rouillés; il existe un peu de

« matité en haut, en arrière et à droite de la poitrine ;
« dans la même région on entend un commencement de
« soufle bronchique, du retentissement de la voix, et vers
« la partie inférieure du râle crépitant ; il existe de la
« céphalalgie ; la peau est chaude, le pouls plein, dur et
« fréquent ; langue saburrale, humide, rouge à sa pointe ;
« légères douleurs épigastriques réveillées par la pres-
« sion ; selles normales. — (Prescription : *Saignée de*
« *500 grammes, dattes et jujubes.*)

14. — « Les mêmes phénomènes persistent ; le caillot
« de la saignée est ferme, recouvert d'une couenne
« épaisse colorée en jaune. — *Potion avec 4 grammes*
« *d'oxide blanc d'antimoine et 15 grammes de sirop dia-*
« *code ; vésicatoire au bras droit.*

« Le mieux se prononce dès le lendemain et se con-
« tinue les jours suivants ; de telle sorte que le 18,
« c'est-à-dire, quatre jours après, le soufle bronchique
« a disparu et se trouve remplacé par du râle sous-cré-
« pitant de retour ; la fièvre est tombée et le malade
« dort. Nous supprimons désormais l'oxide blanc ; nous
« prescrivons *une infusion de polygala*, et le malade sort
« parfaitement guéri le 30 du même mois. »

RÉFLEXIONS.

Voilà une pneumonie assez étendue, et qui déjà
tendait à passer, ou même était passée en certains
points, au deuxième degré ; la matité, la respiration
bronchique, lre tentissement de la voix ne laissent aucun doute à cet égard. Cependant, l'oxide blanc d'antimoine en opère la résolution en quatre jours. J'ai dit
l'oxide blanc d'antimoine, car la saignée, si elle a favo-

*

risé l'action de ce médicament, n'a rien pu faire par
elle-même ; employée seule le premier jour, elle a laissé
la maladie au même point, et la résolution n'a commencé
que lorsque, laissant de côté la section de la veine,
nous avons administré l'oxide blanc; nous l'avions uni au
sirop diacode, afin de prévenir son effet par les selles.
Dans les observations suivantes, on verra que nous avons
complètement omis cette précaution.

DEUXIÈME OBSERVATION.

Pneumonie droite ; — Deux saignées ; — Point d'amen-
dement ; —— Oxide blanc; —— Guérison.

« Un homme, âgé de 27 ans, garçon de confiance, est
» admis à la salle Ste-Anne, n° 6, le 7 juillet 1842 ; cinq
« jours auparavant il fut pris soudainement dans la nuit
« de suffocation, laquelle persista pendant une heure ;
« à cette suffocation succéda de la céphalalgie, de la
« soif et de la fièvre. Le 7 juillet, on note l'existence
« d'une irritation de l'estomac ; et, en outre, à la partie
« supérieure et postérieure du poumon droit, on
« trouve du soufle bronchique et une légère œgophonie ;
« le pouls est plein, accéléré ; la peau chaude et sèche ;
« enfin, il existe de l'insomnie. Jusqu'au 17, on se
« borna à de la limonade, à du sirop de groseille et à
« des cataplasmes sur le ventre.

« Le 17, les phénomènes de la pneumonie s'aggravent;
« la toux est plus fréquente, le soufle bronchique plus
« développé; l'on entend un râle crépitant, fin, sec, dans
« la moitié environ du poumon droit. — *Saignée de* 200
« *grammes.*

« Le lendemain , 18, mêmes phénomènes. — *Saignée*
« *de 400 grammes*. Le sang des deux saignées offrit une
« couenne inflammatoire marquée. Comme le malade se
« trouvait dans le même état, le 20, nous prescrivons
« 2 grammes d'oxide blanc , un vésicatoire au bras
« droit. Le 22 , amélioration; le souffle bronchique s'est
« dissipé en partie; le râle crépitant n'existe plus. —
« 1 *gram. d'oxide blanç.* Le 23, amélioration sensible.—
« *Infusion de polygala.* Le 3 août, la convalescence est
« franche et le malade sort guéri le 11.

RÉFLEXIONS.

Dans cette observation, la saignée n'a eu évidemment aucun effet immédiat ; tandis que l'administration
de l'oxide blanc d'antimoine a été suivie aussitôt d'un
amendement notable. On ne peut ici nous adresser qu'un
seul reproche, c'est que les émissions sanguines ont été
faites avec trop de timidité : Nous répondrons que l'on
doit alors regarder les deux saignées comme non avenues;
toute la gloire de la guérison reviendra, par conséquent,
sans contestation aucune, à l'oxide blanc, et l'efficacité
du médicament n'en brillera qu'à un plus haut degré;
loin de nous être contraire, cette hypothèse nous est
complètement favorable.

TROISIÈME OBSERVATION.

*Inflammation occupant tout le poumon droit ; — Deux
saignées ; — Emploi de l'oxide blanc ; — Guérison.*

« Jacques M... , âgé de 45 ans , d'un tempérament
« sanguin , homme de peine , entre à la salle St-Jean ,

« n° 14 , le 18 septembre ; il nous rapporte que quatre
« jours avant son admission il éprouva des lassitudes
« dans les membres inférieurs, et des frissons irrégu-
« liers ; à ces phénomènes il se joignit de la céphalalgie ,
« des douleurs dans les deux côtés de la poitrine ainsi
« que dans les reins ; enfin, des vomissements après une
« forte transpiration.

« Le 19 , à la visite , le malade nous présente les
« phénomènes morbides suivants : Matité dans toute l'é-
« tendue du côté droit ; en haut , en arrière et à droite ,
« dans un intervalle de quatre travers de doigt , à par-
« tir de la fosse sus-épineuse , l'on entend la respiration
« bronchique ; dans le reste du poumon un râle crépi-
« tant fin , sec , nombreux ; ces symptômes ne se pré-
« sentent ni en avant , ni dans le côté gauche.

« Points pleurétiques dans les deux côtés de la poi-
« trine , augmentés par l'inspiration et un peu par la
« pression ; dyspnée , toux fréquente suivie du rejet de
« crachats rouillés , visqueux , peu abondants ; cépha-
« lalgie , peau chaude , sèche ; pouls plein , donnant
« 80 pulsations et se laissant facilement déprimer ; uri-
« nes rouges , peu abondantes , selles normales. — *Sai-*
« *gnée de* 500 *grammes ; oxide blanc* 4 *grammes.*

« Le 20 , mêmes phénomènes. Caillot recouvert d'une
« couenne épaisse jaunâtre. — *Nouvelle saignée de* 500
« *grammes ; oxide blanc* 6 *grammes.* Le 21 , le sang of-
« fre une couenne encore plus épaisse , relevée à ses
« bords , concave dans son centre et détachée des parois
« du vase dans les trois quarts de sa circonférence ,
« comme par une sorte de retrait sur elle-même ; la res-
« piration bronchique , moins forte , laisse entendre

« quelques bulles de râle crépitant de retour. Le râle
« crépitant fin et sec persiste au même degré dans le
« reste du poumon ; peau moite , pouls ondoyant ; le
« malade se sent un peu mieux que la veille ; point de
« selles. — *Oxide blanc, 6 grammes , nous omettons la*
« *saignée.*

« Le 22 , le souffle bronchique a disparu , il es t rem-
« placé par du râle sous-crépitant ; le râle crépitant fin
« et sec est bien moins prononcé ; quelques crachats
« filants,un ou deux ont l'aspect rouillé; le malade a re-
« posé la nuit précédente. — *Même prescription.*

« Le 23 , la matité n'existe plus; le râle sous-crépitant
« a cessé , il est remplacé par le murmure respiratoire ;
« on entend encore quelques bulles de râle crépitant à la
« partie inférieure ; la fièvre est tombée ; trois selles de-
» puis hier. — *4 grammes d'oxide ; infusion de polygala.*

« Le 25 , l'appétit est revenu ; le malade va beaucoup
« mieux. Cependant, comme il conserve toujours un peu
« de râle crépitant , nous prescrivons *l'application d'un*
« *vésicatoire en arrière , en bas et à droite.* Le malade
« sort en parfaite santé le 30. »

RÉFLEXIONS.

Cette pneumonie était grave , puisqu'elle occupait un
poumon tout entier , et cependant nous l'avons vue guérir
rapidement. Mais nous avons été obligé d'élever la dose
de l'oxide blanc.

Le premier jour 4 grammes ne procurent aucune amélioration , nous en donnons 6 grammes , et le lendemain
il existe un amendement notable; nous continuons la
même dose, et dans quatre jours la pneumonie ne laisse

presque aucune trace de sa présence : peut-on se refuser
à reconnaitre ici l'efficacité du médicament ? Mais dira-
t-on pourquoi ne point parler des deux saignées qui ont
été pratiquées ? n'est-ce pas à elles qu'il faut attribuer la
guérison de la pneumonie , et ne doivent-elles pas en
revendiquer l'honneur, aussi bien que l'oxide blanc ? Loin
demoi la pensée de regarder la saignée comme un moyen
inutile ; ce n'est certes pas vainement que dans les inflam-
mations du poumon on retire 1,000 grammes de sang
dans les vingt-quatre heures. Sans nul doute on sous-
trait par cette opération un aliment à l'élément inflammatoire , et pour nous défendre nous ne nous retran-
cherons point derrière cette conclusion bizarre de
M. *Louis*, savoir : que la pneumonie dure huit jours abandonnée à elle-même, et sept jours seulement si on la
combat par la saignée; car guérir plus ou moins rapidement, tel n'est pas le but principal de la science médi-
cale, mais bien guérir sûrement. M. Louis devait donc cher-
cher s'il mourait plus de malades atteints de pneumonie,
lorsque l'on ne faisait aucune médication active , que
lorsque l'on saignait , et c'est ce qui n'a pas été fait. Pour
nous, dans le cas actuel, nous dirons : Si nous avions
pensé que la saignée dût être faite en pure perte, assurément nous ne l'eussions pas ordonnée; nous lui laissons
donc sa part d'influence; mais que l'on nous accorde aussi
que l'oxide blanc d'antimoine , donné à la dose de 6
grammes pendant trois jours de suite , ne peut pas être
tout-à-fait considéré comme une poudre inerte; et la rapidité avec laquelle l'inflammation diminue chaque jour
pendant son administration prouve, en outre, évidemment
en sa faveur.

Jusqu'alors nous avons employé la saignée, et la part qu'a prise à la guérison l'antimoine a été divisée : Nous allons voir maintenant jusqu'à quel point l'antimoine employé seul peut concourir à la guérison d'une pneumonie.

QUATRIÈME OBSERVATION.

Pneumonie double ; — point de saignée ; — antimoine ; —
guérison.

« Un jeune homme, âgé de 27 ans, entre à l'Hôtel-
« Dieu, le 23 juillet 1842, éprouvant depuis huit jours
« la fièvre, la céphalalgie et une toux fatigante. Le
« jour de son entrée il offre les phénomènes suivants :
« Dyspnée, respiration courte, saccadée, conséquence
« d'un point pleurétique existant à la base de la poitrine:
« en arrière à droite et à gauche, vers le bord spinal de
« l'omoplate matité;celle-ci est plus prononcée à droite:
« dans les même régions, râle crépitant, fin, sec, nom-
« breux retentissements de la voix, crachats rares et
« blancs. Céphalalgie sus-orbitaire ; soif, inappétence,
« langue saburale à sa base, rouge sur ses bords et à sa
« pointe ; point de douleur dans l'abdomen, constipa-
« tion, urine briquetée, peau chaude, pouls assez déve-
« loppé donnant 80 pulsations. (Un lavement, moutarde
« sur les jambes, tisane émolliente.)

« Le lendemain 24, les mêmes symptômes persistent,
« la céphalalgie seule a un peu diminué. (Prescription:
« oxide blanc, 2 *grammes,* un vésicatoire à chaque bras.)
« Le 25, amélioration dans les phénomènes locaux, la
« respiration s'exécute avec plus de facilité, et les râles
« tendent à s'évanouir.

« Le 28, le malade conserve une douleur dans le dos,
« et du râle sous-crépitant; du reste il n'a plus de fièvre.
« (Un vésicatoire, loc. dol.). La guérison fait des pro-
« grès les jours suivants, et le 3 août, nous supprimons
« l'antimoine. La résolution ne s'opère cependant qu'avec
« lenteur malgré le polygala et l'oximel scillitique. Il est
« sorti le 30 août.»

CINQUIÈME OBSERVATION.

Pneumonie occupant le poumon droit tout entier. — Point
de saignée. — Emploi de l'oxide blanc. — Guérison.
— (Salle Ste-Anne, n° 11.)

« Etienne Rivay, âgé de 33 ans, d'un tempérament
« sanguin et s'étant toujours bien porté, est admis à
« l'Hôtel-Dieu, le 8 août 1842. Six jours avant son
« entrée, il s'exposa à un air froid pendant que son corps
« était en moiteur : bientôt il est en proie à un frisson
« assez intense, accompagné d'une douleur dans le côté
« droit, de fièvre et de soif. A la visite nous constatons
« les phénomènes suivants :

« Oppression, toux fréquente et douloureuse, suivie
« de crachats visqueux, adhérents au fond du vase,
« aërée et colorés en jaune. Matité dans toute l'étendue
« du côté droit; au sommet du poumon, dans l'intervalle
« de trois travers de doigt, râle crépitant, sec, légère
« œgophonie dans le reste du même poumon, respiration
« bronchique, absence de tout autre bruit, broncophanie;
« céphalalgie frontale, figure animée, peau chaude un
« peu moite, pouls plein, accéléré; envie de dormir;
« langue saburrale à sa base, rouge sur ses bords et à sa

« pointe , soif, constipation. (2 grammes d'oxide blanc.)

« Le 10, on n'entend plus le râle crépitant , et cepen-
« dant l'on ne peut percevoir le bruit respiratoire, à
« cause d'une douleur pleurétique intense ; crachats d'un
« jaune safrané. Les autres phénomènes sont les mêmes.
« (12 sangsues sur le côté douloureux, 2 grammes
« d'oxide.)

« Le 11, le murmure vésiculaire reparaît, la matité a
« diminué, ainsi que le souffle bronchique; crachats d'un
« jaune moins intense.

« Le 14, c'est-à-dire trois jours plus tard , l'expansion
« vésiculaire est rétablie ; disparition totale du souffle
« bronchique, crachats presque point colorés et bien
« moins visqueux , plus de fièvre. (Cessation de l'oxide
« blanc, infusion de polygala.)

« Enfin le 18, tous les phénomènes morbides ont
« disparu, et le malade sort le même jour parfaitement
« guéri.»

RÉFLEXIONS.

Ces deux dernières observations sont une preuve bien
manifeste de la puissance de l'oxide blanc d'antimoine
dans la pneumonie. Voilà un poumon tout entier, enflammé
au deuxième degré ; rien ne fait présager que la maladie
doive diminuer, loin de là elle est allée en s'aggravant de
plus en plus; chaque jour le malade voyait ses forces
s'affaiblir, l'oppression était plus marquée , l'hématose
plus incomplète, Nous donnons l'oxide blanc, et presque
le même jour la marche de la pneumonie est enrayée ;
puis elle court avec une telle rapidité à la guérison, que
huit jours après toute trace de la maladie a disparu.

SIXIÈME OBSERVATION.

Pneumonie partielle droite. — Point de saignée. — Oxide blanc. — Guérison.

« Un ouvrier en soie âgé de 56 ans, d'une constitution
« sèche, et s'enrhumant facilement, éprouve des lassi-
« tudes et un malaise général le 2 octobre 1842, après
« avoir fait quelques courses pendant lesquelles il s'était
« mouillé.

« Le lendemain une doulenr se fait sentir au côté droit,
« au-dessous de l'aisselle. Le malade se fit transpirer en
« buvant une infusion de bourrache, et en se couvrant
« beaucoup. Le point pleurétique disparut ; mais il
« survint de la fièvre, et une toux fatigante accom-
« pagnée du rejet de crachats jaunâtres. Appelés le 6 au
« soir, nous constatons les phénomènes suivants :

« Face rouge, front chaud un peu douloureux ; peau
« sèche brûlante ; pouls développé, résistant, donnant 85
« pulsations par minute ; langue rouge sur ses bords
« et à sa pointe demi-humide.

« Respiration un peu gênée , toux assez fréquente ;
« crachats rouillés peu nombreux ; sonoréité naturelle en
« avant, matité en arrière, en haut et à droite, dans un
« espace égal à la longueur de quatre travers de doigt,
« à dater du niveau de la fosse sus-épineuse ; l'ausculta-
« tion fait découvrir en avant , en haut et à droite, un
« souffle bruyant, puéril, sans retentissement de la voix.
« Mais en arrière, dans le point correspondant, on entend
« du souffle bronchique, mêlé à du râle crépitant, fin,

« sec, lequel disparaît vers la partie moyenne de la
« fosse sous-épineuse pour faire place au murmure vési-
« culaire naturel ; enfin , il existe de la bronchophonie
« au niveau du souffle bronchique. Le côté gauche ne
« présente rien d'anormal. Le malade repoussant avec
« force la saignée générale, nous lui prescrivons 4 *gram-*
« *mes d'oxide blanc d'antimoine dans une potion, avec du*
« *sirop de bourrache à prendre par cuiller à bouche toutes*
« *les heures ; boisson émolliente.*

 « **Le 7 au matin.** — Pendant la nuit il s'est développé
« une douleur en arrière et à droite au niveau de la
« partie moyenne du bord vertébral de l'omoplate; cette
« douleur augmente pendant l'inspiration ; en cet en-
« droit matité plus marquée que la veille ; le souffle
« bronchique a pris de l'extension. — (Prescription:
« *le malade refuse l'application de sangsues sur le point*
« *douloureux ; continuation de l'oxide blanc.*)

 « **Le 8 ,** amélioration notable dans les phénomènes
« locaux ; la fièvre a disparu. Cinq jours plus tard , il
« n'existe plus qu'un ronchus grave , et bientôt la gué-
« rison est complète. »

 Qu'ai-je besoin d'accumuler de plus nombreuses
preuves ? n'est-il pas évident que l'antimoine est un
instrument d'une grande valeur en thérapeutique , et
les dernières observations ne prouvent-elles pas , d'une
manière péremptoire, en sa faveur ? Que voyons-nous,
en effet ? Sous son influence, et presque immédiatement,
la respiration devient plus facile , l'expectoration plus
abondante, la fièvre tombe, et la peau, auparavant sèche, se recouvre d'une douce moiteur ; en un mot les
phénomènes locaux et généraux marchent d'un pas égal

vers une amélioration sensible. Prétendrait-on que la maladie était assez peu intense ou d'un caractère assez doux pour, qu'abandonnée à elle-même, elle eût guéri avec la même facilité ? Tel n'est pas notre sentiment. En premier lieu l'objection n'est qu'une hypothèse que rien ne justifie et n'a de fondement que dans l'imagination : comment, en effet, pouvoir s'assurer qu'un malade donné n'eût pas succombé, s'il n'avait été soumis à aucun traitement ? Il nous semble impossible de fournir le moindre argument ponr appuyer cette pensée. La médecine ne vit pas de préjugés mais de faits; les premiers disparaissent, les seconds se fortifient avec le temps. *Opinionum commenta delet dies, naturæ judicia confirmat.* Cicer. *De natur Deor.*

Mais, d'autre part, le résultat est en notre faveur. Qu'arrive-t-il, en effet ? La maladie ou bien restait stationnaire, ou bien tendait incessamment à s'accroître: rien ne faisait augurer qu'elle ne dût pas poursuivre cette marche ascendante; alors nous donnons l'antimoine, et bientôt l'amendement se dessine. N'est-il pas certain, ou du moins très-probable, que c'est à notre médication qu'est due l'issue heureuse de l'affection ? et lorsqu'un tel fait se reproduit, non pas une seule fois, mais plusieurs fois de suite, n'acquiert-il pas un nouveau degré de certitude ? On le voit, nous nous sommes imposés des limites à nos conclusions, mais par cela même nous les croyons plus rigoureuses.

Nous aurions pu ajouter d'autres observations à celles que nous avons relatées; nous l'avons jugé inutile. Nous aurions vu se reproduire les mêmes conséquences ; et les faits se présenter sous le même jour. Qu'on veuille bien ajouter foi à nos paroles : nous avons administré l'oxide blanc d'antimoine dans plus de trente cas ; dans l'un d'eux, chez une femme enceinte, et dans tous avec succès : Est-ce à dire qu'il en sera toujours ainsi, et que nous prétendions regarder ce médicament comme infaillible ? Loin de nous cette pensée ; nous tomberions certainement dans l'erreur. Mais si la discussion que nous avons essayé d'introduire dans ce mémoire est logique, si nous ne nous sommes pas égarés dans l'interprétation des faits, la proposition suivante sera l'expression de la vérité.

L'on peut, bien plus l'on doit ordonner l'oxide blanc d'antimoine à tous les malades atteints de pneumonie, puisque ce médicament, en admettant qu'il soit inutile, ne nuira jamais. La deuxième observation prouve que, même dans le cas de l'existence d'une irritation gastrique, celle-ci n'en serait pas aggravée. Cet agent thérapeutique remplit donc la première de toutes les indications qui est, d'abord *de ne point nuire ;* en second lieu, *d'être utile.*

Dans toutes nos observations, l'antimoine n'a point procuré de selles ; cependant le contraire peut se présenter, soit à cause d'un état morbide antérieur du tube digestif, soit par suite de circonstances antérieures inappréciables qui forment les constitutions médicales. Mais alors nous croyons que les intestins étaient presque toujours le siége d'une irritation catarrhale. Ainsi, M. Trousseau, dans son *Traité de Thérapeutique*, dit qu'en 1831, un gramme par jour d'oxide blanc donnait lieu à des vomissements, à de la diarrhée ; tandis qu'en 1839, seize grammes ne provoquaient pas même un soulèvement de l'estomac. Le fait s'explique fort bien et pouvait être prévu. En 1831 et en 1832 , la cholérine et le choléra sévissaient à Paris ; pendant tout le temps que dura l'épidémie et même pendant quelques mois après la cessation , le canal intestinal conserva une tendance remarquable à des fluxions plus ou moins intenses. Est-il surprenant alors que l'oxide blanc d'antimoine fît naître ces diarrhées auxquelles les individus étaient déjà si enclins ? Mais lorsque cette prédisposition se fût totalement évanouie , l'oxide blanc fût supporté , et ses bons effets purent se montrer. L'exception ici confirme donc, comme l'on dit, la règle générale.

D'ailleurs, il n'est pas un seul médicament , même parmi ceux que les praticiens regardent comme le plus infaillible, que ses détracteurs n'aient essayé de convaincre d'infidélité. Le quinquina guérit-il toujours les fièvres intermittentes ? avant de le donner ne convient-il pas de combattre les complications de la fièvre , soit par les évacuants , soit par la saignée suivant l'occurence ? ne sait-on pas qu'en omettant ces précautions, on a produit des désordres graves , des hydropisies incurables et même des fièvres lentes ? Aujourd'hui cependant que les passions soulevées à son sujet sont apaisées, on a fait la part de l'exagération , et le quinquina a pris rang à la tête des spécifiques. Or, si un tel médicament trompe parfois l'attente du praticien, peut-on, en vérité, exiger davantage de l'oxide blanc ? Assurément , non ; l'on peut même lui demander moins et posséder en lui un agent énergique.

Jusqu'ici nous avons combattu en faveur de l'antimoine , nous avons essayé de démontrer, que lorsque nous avons invoqué son secours, il a répondu à notre appel. Si nous avons porté la conviction dans l'esprit de nos lecteurs, notre vœu est rempli. Si l'on nous demandait maintenant, quel cas nous faisons de la saignée, et si l'on allait conclure que nous la rejettons, nous nous inscririons contre une telle conséquence. Notre but a été de prouver que l'antimoine était utile dans la pneumonie, même employé seul, à plus forte raison si en même temps l'on a recours à la saignée. Nous sommes convaincus que celle-ci est utile; nous le sommes par les faits que nous avons vus, nous le sommes par les observations que nous avons lues, nous le sommes enfin par les souvenirs de tous les praticiens. Il n'est personne qui, dans les hôpitaux ou dans sa pratique particulière, ne se soit assuré de l'utilité de la saignée dans une pleuro-pneumonie franche. Un mémoire du D. Ratter, inséré dans les derniers numéros du *Journal de Médecine* de Lyon (juin et juillet 1842), le prouve incontestablement; en rapporter de nouveaux exemples serait un hors-d'œuvre. Après tant de faits authentiques, nous nous demandons comment il a pu se faire qu'un professeur renommé, que M. Louis, soit parvenu à trouver la saignée inutile ou indifférente. Eh quoi! soustraire à un malade, deux, trois, quatre livres de sang, de ce fluide qui répare incessamment nos pertes, qui active ou fait languir la nutrition, suivant sa constitution intime et sa quantité, avec lequel enfin, pour parler le langage de l'Ecriture, la *vie s'enfuit*, serait une médication indifférente?... Quel homme peut le croire? Il faut que cette médication soit utile, ou nuisible, car ce n'est pas en vain que l'on porte par elle une perturbation puissante dans la circulation; l'expérience seule pourra prononcer dans l'une ou dans l'autre supposition; mais quant à la considérer comme insignifiante , nous n'y pouvons souscrire.

Une question théorique assez importante est soulevée ici : comment la saignée et l'oxide blanc, sont-ils utiles dans la pneumonie? La réponse ne paraît point facile : la nature intime du mode d'action des médicaments nous échappe. Dire par exemple, que l'oxide blanc d'antimoine est un sédatif, un contre-stimulant, c'est se payer de mots, c'est poser une hypothèse sans fondement, à la place d'un fait. Ces expressions ont l'inconvénient d'engager les médecins à essayer un médicament dans les maladies les plus dissemblable, et à le voir échouer ; de là ces discussions sans fin sur la place qu'il doit occuper en thérapentique.

Pour nous l'explication des effets de ces deux moyens se réduira à quelques mots ; et cette explication ne sera que la traduction de faits sensibles, évidents.

Lorsque le poumon est enflammé, les capillaires qui rampent sur les parois et dans la trame de ses vésicules sont plus engorgés de sang que dans l'état de santé. Ces liquides s'y accumulent en telle quantité, que les parois vésiculaires en se tuméfiant se touchent ; ajoutez à cela le gonflement de la muqueuse, et vous aurez la cause palpable de l'oppression et de l'accélération de la respiration. Cet état d'engouement qui s'oppose à l'abord de l'air aux dernières extrémités bronchiques, se trouve encore favorisé, accru, par l'impulsion du sang qui vient du cœur droit, mais comme ce liquide traverse avec difficulté le tissu pulmonaire enflammé, il reflue en partie

contre sa source ; de proche en proche [le système veineux se remplit, tandis que le système à sang-rouge se
vide avec moins de facilité. De là résultent : 1. Hématose d'autant plus incomplète qu'une plus grande partie
des poumons est enflammée ; 2. Sang artériel moins oxi-
géné et stimulant moins vivement les organes ; 3. Gêne
dans la circulation générale ; d'où orthopnée, face in-
jectée, céphalalgie, pouls petit ou dépressible , lorsqu'un
poumon tout entier est atteint d'inflammation.

Quelles sont donc ici les indications les plus importante à remplir ? Il en existe évidemment deux : il faut :
1. Faciliter la circulation générale ; 2. Favoriser la circulation capillaire des poumons enflammés : tout moyen
quel qu'il soit qui guérira la pneumonie, agira princi-
palement dans l'un ou dans l'autre sens. La phlébotomie
remplit sans contredit par elle-même le premier but, et
satisfait en partie à la seconde condition. En effet , le
système veineux général une fois désempli, le sang y cir-
cule avec plus de liberté ; d'autre part, cette irruption, cet
entraînement rapide des molécules sanguines à travers
leurs gros vaisseaux, se communique de proche en proche jusqu'aux capillaires. Ceux-ci verseront ou du moins
tendront incontestablement à verser leur liquide dans le
système général, pour combler le vide qui s'y forme.
Voilà comment la saignée générale sera d'une grande valeur thérapeutique dans le traitement de la pneumonie.
Si l'on joint à cette action toute mécanique l'action vi-
tale par laquelle elle est la cause médiate du change-
ment qui s'opère dans la crâse du sang, qui ne com-
prend combien sont grandes les ressources apportées par
cette opération. On entrevoit aussitôt qu'il faut ou-

vrir largement la veine, qu'il est utile que le sang s'é-
coule à flots, et non pas goutte à goutte ; en d'autres ter-
mes la saignée doit être déplétive au lieu d'être seulement dérivative. Pour apprécier enfin toute la part que
la section de la veine prend à la guérison de la pneumonie, il faut se rappeler qu'elle favorise l'absorption des
boissons ou des médicaments introduits dans l'estomac.
Les boissons en donnant plus de fluidité au sang, en dé-
truisant sa plasticité, favoriseront son cours à travers
les capillaires des poumons, tels sont les avantages in-
contestables de la saignée.

Quant à l'oxide blanc d'antimoine, s'il est hors de doute
comme nous le pensons, qu'il ait une valeur thérapeutique dans la pneumonie, son action doit se porter sur le
système capillaire des poumons. Quel empire utile exer-
cerait-il sur le cours général du sang ? Vainement nous
dira-t-on qu'il ralentit la circulation et pousse aux sueurs;
cette action si elle était réelle, si du moins elle était la
seule, serait nuisible loin d'être utile. Le ralentissement
de la circulation n'aurait-il pas pour résultat immédiat
la stase du sang veineux ? Et n'est-ce pas, comme nous
l'avons dit, une complication funeste, mais nécessaire,
lorsqu'un poumon tout entier, à plus forte raison lorsque les deux poumons sont enflammés ? Si le sang cir-
cule avec moins de rapidité dans l'arbre artériel, l'en-
gorgement pulmonaire se résoudra avec moins de facilité, puisque les capillaires auront une résistance à sur-
monter pour se débarraser de leur fluide.

Concluons que *l'oxide blanc d'antimoine, ne guérit point
en influençant immédiatement la circulation générale.* Les
sueurs ne nous paraissent pas, à leur tour, être la cause

de l'amélioration, nous avouons ne pas comprendre l'explication qu'on en donnerait, mais si le fait existait, était
prouvé, nous l'admettrions sans balancer, bien qu'il surpassât notre intelligence : or le fait en lui-même est loin
d'être exact ; il suffit pour s'en convaincre de considérer qu'il importerait peu d'employer tel ou tel moyen,
pourvu qu'il provoquât la transpiration. Or l'on sait
que les boissons excitantes auxquelles on a souvent recours daus le vulgaire pour atteindre ce but, donnent,
dans la plupart des circonstances, une nouvelle énergie
à l'inflammation. On le voit, les sueurs n'expliquent rien,
ou n'expliquent que peu de choses.

Ce n'est pas non plus en irritant le canal intestinal,
en agissant comme révulsif qu'il est utile, puisque dans
nos observations rien de semblable ne s'est présenté ; il
ne nous reste plus qu'à nous adresser au système capillaire, et à conclure que lui seul est influencé.

Le raisonnement auquel nous avons recours, ressemble à celui que les géomètres nomment le raisonnement
par l'absurde. Il consiste à démontrer que toutes les suppositions autres que celle que l'on pose, sont fausses ou
absurdes. On ne nous fera pas sans doute un reproche
d'avoir invoqué un mode de procéder qui, dans les
sciences exactes, est regardé comme rigoureux. D'ailleurs,
nous n'avons point admis une théorie *à priori*, devançant l'observation ; mais nous avons d'abord constaté les
faits, puis nous avons essayé de les lier par une théorie
plausible ; celle-ci a l'avantage de n'être qu'une formule de
l'ensemble des faits, sans prétendre remonter à l'essence
de la maladie ; c'est ainsi qu'en astronomie, l'attraction
réunit toutes les observations que l'on a faites, les expli-

que avec bonheur, sans qu'il soit nécessaire de discuter sur l'essence de la force qui produit les faits.

De tout ce que nous avons dit jusqu'ici, nous croyons devoir admettre comme vraies les propositions suivantes :

1. *La saignée est utile dans l'inflammation du poumon, mais il faut ouvrir largement la veine.*

2. *L'oxide blanc d'antimoine exerce une action favorable sur la guérison de la pneumonie ; secondé par la saignée générale, ce médicament exerce une action plus favorable encore.*

3. *L'oxide blanc d'antimoine ne guérit pas en agissant immédiatement sur la circulation générale, mais bien sur la circulation capillaire des poumons, qu'il débarrasse du sang qui l'engoue.*

Nous faisons abstraction des complications qui peuvent se présenter dans la pneumonie, complications qui doivent être prises en considération et pourront exiger des modifications dans le traitement. C'est au praticien à savoir en tenir compte.